Trabajadores de la comunidad

El trabajo de un carpintero

Erika de Nijs

New York

Published in 2020 by Cavendish Square Publishing, LLC
243 5th Avenue, Suite 136, New York, NY 10016

Copyright © 2020 by Cavendish Square Publishing, LLC

First Edition

No part of this publication may be reproduced, stored in a retrieval system, or transmitted in any form or by any means—electronic, mechanical, photocopying, recording, or otherwise—without the prior permission of the copyright owner. Request for permission should be addressed to Permissions, Cavendish Square Publishing, 243 5th Avenue, Suite 136, New York, NY 10016. Tel (877) 980-4450; fax (877) 980-4454.

Website: cavendishsq.com

This publication represents the opinions and views of the author based on his or her personal experience, knowledge, and research. The information in this book serves as a general guide only. The author and publisher have used their best efforts in preparing this book and disclaim liability rising directly or indirectly from the use and application of this book.

CPSIA Compliance Information: Batch #CG19WL

All websites were available and accurate when this book was sent to press.

ISBN 9781502654717 (pbk.)
ISBN 9781502654724 (eBook)

Translator: Zab Translation Solutions
Editorial Director: David McNamara
Editor: Fletcher Doyle
Copy Editor: Cynthia Roby
Art Director: Jeffrey Talbot
Designer: Alan Sliwinski
Senior Production Manager: Jennifer Ryder-Talbot
Photo Research by J8 Media
Production Editor: Renni Johnson

Photos by: Kzenon/Shutterstock.com, cover; Tyler Olson/Shutterstock.com, 5; Isantilli/Shutterstock.com, 7; bikeriderlondon/Shutterstock.com, 9; Tyler Olson/Shutterstock.com, 11; Dmitry Kalinovsky/Shutterstock.com, 13; michaeljung/Shutterstock.com, 15; Huntstock/Getty Images, 17; Brightrock/iStockphoto.com, 19; Andresr/Shutterstock.com, 21.

Printed in the United States of America

Contenido

¿Quiénes son carpinteros? **4**

Palabras nuevas **22**

Índice **23**

Acerca de la autora **24**

Soy carpintero.

Construyo cosas con madera.

Uso herramientas.

Mido, corto, agujereo y lijo la madera.

Uso **gafas protectoras** para protegerme los ojos.

Puedo construir una casa.

La casa tendrá muchas ventanas.

A una familia le encantará vivir allí.

Me aseguro de que todas las cosas estén **niveladas**.

Esto te mantendrá a salvo.

Los techos se desgastan
y gotean.

Puedo reemplazar tu techo
para mantenerte seco.

Martillo los clavos
rápidamente.

Construyo **armarios**
y estanterías para libros.

Algunas veces trabajo
en la altura.

Llevo mis herramientas
en un cinturón.

Uso un **casco**.

Algunos carpinteros hacen muebles y armarios.

Tu casa está lista.

¡Ahora puedes mudarte!

Palabras nuevas

armario: mueble con estantes o cajones usado para guardar cosas.

casco: un sombrero resistente que usan los trabajadores para protegerse la cabeza.

gafas protectoras: anteojos que se ajustan bien y están hechos para proteger los ojos.

martillar: golpear algo con un martillo. Esta es una herramienta con una cabeza de metal y un mango.

nivelado(a): algo que es plano y parejo.

Índice

armario, 14, 18, 23

casco, 16, 23

gafas protectoras, 6, 23

martillar, 12, 23

nivelado(a), 10, 23

Acerca de la autora

Erika de Nijs jugó al hockey en la universidad antes de convertirse en maestra y escritora. Sus padres son holandeses, pero ella creció en el norte del estado de Nueva York.

Acerca de BOOKWORMS

Bookworms ayuda a los lectores independientes a lograr confianza en la lectura mediante palabras de alta frecuencia, oraciones simples, y apoyo sólido de imágenes y texto. Cada libro explora un concepto y ayuda a los niños a relacionar lo que leyeron con el mundo en el que viven.